Lucas Zanga

L'ESSENCE DU PARDON DES OFFENSES

Lucas Zanga

L'ESSENCE DU PARDON DES OFFENSES

CHEMIN DE GUÉRISON INTÉRIEURE

Éditions Croix du Salut

Imprint
Any brand names and product names mentioned in this book are subject to trademark, brand or patent protection and are trademarks or registered trademarks of their respective holders. The use of brand names, product names, common names, trade names, product descriptions etc. even without a particular marking in this work is in no way to be construed to mean that such names may be regarded as unrestricted in respect of trademark and brand protection legislation and could thus be used by anyone.

Cover image: www.ingimage.com

Publisher:
Éditions Croix du Salut
is a trademark of
Dodo Books Indian Ocean Ltd. and OmniScriptum S.R.L publishing group

120 High Road, East Finchley, London, N2 9ED, United Kingdom
Str. Armeneasca 28/1, office 1, Chisinau MD-2012, Republic of Moldova, Europe
Managing Directors: Ieva Konstantinova, Victoria Ursu
info@omniscriptum.com

Printed at: see last page
ISBN: 978-620-6-17138-6

L'ESSENCE DU PARDON DES OFFENSES

CHEMIN DE GUERISON INTERIEURE

Bonne Lecture à Tous et à Toutes

Soyez Parfaitement édifiés et en Bonne Santé

En abordant un sujet aussi sensible

Remerciements

Le livre que vous tenez entre vos mains est le fruit d'une magnifique odyssée spirituelle, une exploration fascinante de la redécouverte de l'essence même du pardon dans le contexte social. Il a vu le jour grâce à un ardent désir de partager des vérités qui transforment et des leçons d'une valeur inestimable.

Je tiens à exprimer ma plus sincère gratitude à Mon Éditrice Epopa Dominique. Votre soutien indéfectible est bien plus qu'un simple encouragement ; il incarne l'amour véritable pour notre art, facilitant ainsi la promotion et la diffusion du message vital du pardon, source inépuisable de paix et de guérison intérieure.

Je ne saurais passer sous silence ma reconnaissance envers le Saint-Esprit, mon guide et consolateur. À Lui, je rends toute la gloire, car c'est par Son inspiration que chaque mot et chaque pensée de cet ouvrage ont vu le jour.

Je prie pour que chaque lecteur ressente Sa présence bienveillante, qu'il soit touché par Sa vérité et qu'il trouve dans Son pardon la libération tant attendue.

Avec une profonde reconnaissance,

Lucas Zanga,

Révérend Pasteur

Avant-Propos

Le Pardon qui a Tout Déclenché

Dans le voyage tumultueux de la vie, la douleur et la trahison s'infiltrent parfois dans notre existence comme des voleurs nocturnes. C'est précisément ce que ressentait Alex, un homme ordinaire, lorsque son monde s'est écroulé. Marié depuis trois courtes années, le bonheur semblait l'envelopper jusqu'à ce fatidique jour où il découvrit sa femme, nue, dans les bras d'un ami de passage. Ce moment tragique, survenu dans leur lit conjugal, était d'autant plus dévastateur que leur enfant de quatorze mois dormait paisiblement dans son berceau, inconscient de la tempête qui s'annonçait pour leur famille.

Alex rentra de manière inattendue d'un voyage, désireux de récupérer des documents avant de repartir en mission. La scène qu'il découvrit le laissa paralysé par le choc. Cependant, au lieu de céder à la colère qui menaçait de l'engloutir, il choisit une voie difficile mais noble. Avec une maîtrise remarquable, il prit son enfant dans ses bras, l'embrassa tendrement, puis récupéra ses affaires. Il ne prononça pas un mot, ne cherchant pas à exprimer le tumulte de ses émotions. Formant un tableau à la fois tragique et poignant, il quitta la pièce, laissant sa femme et cet ami assis sur le lit, dénudés et démunis face à l'ampleur de leurs actes.

Le lendemain, Alex revient de sa mission pour découvrir que sa femme avait fui, emportant leur enfant chez sa mère. Sur la table, une lettre l'attendait, déchirante et empreinte de désespoir. Dans cette note, elle confessait son indignité, exprimant un sentiment de culpabilité écrasant. Elle implorait le pardon de Dieu, reconnaissant ses voies mystérieuses, et avouait ne plus mériter l'amour d'Alex. Cette confession fut un coup de poignard dans le cœur d'Alex, mais plutôt que d'abandonner, il réagit avec une sagesse étonnante. Il appela sa femme, lui demandant de ne rien révéler à sa mère et de se préparer à son retour.

Lorsqu'il arriva chez sa belle-mère, son sourire masquait la tempête qui faisait rage en lui. Il embrassa le front de sa femme, un geste chargé d'émotions mêlées, et ensemble, ils retournèrent à leur domicile. Alex, bien que blessé, comprit que porter le poids des émotions négatives ne servirait à rien.

La semaine qui suivit fut marquée par un lourd silence dans le foyer. Alex évitait le lit conjugal mais ne laissait transparaître aucune animosité. Sa femme, quant à elle, sombrait dans le chagrin, pleurant chaque jour sur les ruines de leur amour. C'est dans ce contexte de souffrance qu'Alex prit une décision qui changerait leur vie à jamais.

Il convoqua sa femme avec gravité et lui déclara : « Je te pardonne. Jésus te pardonne. Car si le pardon n'existait pas, je n'aurais jamais eu la grâce de te prendre pour épouse. Je te pardonne du fond de mon cœur. » Dans cette étreinte, il n'offrit pas seulement une absolution, mais aussi un nouvel espoir, une renaissance.

Cet après-midi-là, sous le soleil d'une promesse renouvelée, il emmena sa femme et leur enfant à la plage, renouant ainsi les fils fragiles de leur complicité. Ils marchaient ensemble, comme des amoureux se retrouvant. Cet acte de pardon, loin d'être une simple déclaration, devint le catalyseur d'une transformation extraordinaire. Le lendemain, Alex reçut une notification le propulsant au rang de Directeur Général de l'entreprise où il avait investi tant de lui-même pendant sept ans. Ce changement inattendu n'était que le début d'une série de bénédictions.

Dans la même semaine, alors que les rumeurs de son avancement résonnaient autour de lui, il apprit qu'il avait été nommé ministre par le Conseil des ministres de son pays. Simultanément, sa femme réussit à lever des fonds pour développer son entreprise, et un ancien ami lui offrit même une maison. La vie semblait lui sourire à nouveau, mais le destin se moquait cruel. L'ami qui avait provoqué ce drame dans sa vie décéda subitement, laissant Alex encore plus perplexe face aux ironies de la vie.

Ce tournant inattendu marqua le début d'une période exceptionnelle dans la vie d'Alex. Fort de son pardon, chaque porte semblait s'ouvrir facilement. Il construisit quatre-vingts églises à travers le monde, offrant des dons à ceux qui en avaient besoin. Sa générosité ne s'arrêta pas là, car il adopta six mille cinq cents enfants, s'érigeant comme un phare d'espoir pour les démunis. Il se posait souvent la question : pourquoi tant de grâces lui étaient-elles accordées ?

Une nuit, alors qu'il priait, Dieu lui répondit dans un rêve : « Depuis le jour où tu as pris la décision de pardonner à ton épouse, tu as trouvé grâce à mes yeux. C'est pourquoi tout ce que tu demandes — et même ce que tu ne demandes pas — te sera toujours accordé. » Au réveil, fort de cette révélation, il décida d'écrire ce livre : "Le Pardon qui a Tout Déclenché." Un témoignage vibrant de l'impact du pardon sur la vie humaine.

Chers amis, il est impératif de comprendre que le pardon peut réparer ce que le mal a brisé. C'est notre capacité à pardonner, même lorsque nous sommes confrontés à la douleur la plus aiguë, qui permet à Dieu d'intervenir et d'accomplir des miracles dans nos vies. Le véritable pardon réside dans l'acte de faire taire l'injustifiable.

Si Dieu ne m'avait pas offert Sa miséricorde en me pardonnant l'impardonnable, je ne serais peut-être plus en vie aujourd'hui. Alors, si l'infidélité vous fait souffrir, sachez que le pardon peut transformer votre douleur en bénédiction. Ce récit n'est pas un cas isolé : ceux qui choisissent le chemin du pardon se voient accorder un prix inestimable. Dans la profondeur de notre cœur, nous pourrions apprendre à pardonner, car c'est là que réside le vrai pouvoir de la rédemption.

Au cœur de chaque être humain réside un désir ardent et inextinguible de paix, de réconciliation et de libération. Toutefois, le chemin vers cette plénitude tant convoitée est souvent marqué par des embûches, des blessures et des rancœurs qui entravent notre progression.

C'est dans ce contexte tumultueux que le pardon émerge comme une clé essentielle, un outil puissant de transformation personnelle et relationnelle.

Ce livre, fruit d'une observation attentive des souffrances humaines et des clivages qui déchirent nos communautés religieuses et chrétiennes, est né d'un cri du cœur vers Dieu.

Il affirme avec ferveur que « le pardon des offenses » n'est pas simplement une option : c'est une denrée de première nécessité, à rechercher avec détermination et capitaliser sur de nombreux sacrifices.

Le pardon des offenses n'est pas superflu, ni un acte ponctuel ; il se déroule tel un processus continu au cœur des relations humaines, représentant un cheminement vers la guérison intérieure et la réconciliation, tant avec Dieu qu'avec nos semblables.

À travers les pages qui suivent, nous explorerons les multiples facettes du pardon. Nous puiserons dans la sagesse intemporelle des Écritures, dans les enseignements éclairants de Jésus-Christ et dans les expériences humaines, qui, bien que variées, témoignent toutes de cette quête universelle de paix. Nous découvrirons que le pardon n'est pas seulement un commandement divin, mais une source inestimable de bénédictions et de liberté pour ceux qui s'engagent dans sa pratique.

Cet ouvrage s'adresse à tous ceux qui aspirent à vivre une existence empreinte de paix et de réconciliation. Que vous soyez confronté à des blessures du passé, à des conflits qui assombrissent votre présent ou à des défis futurs, vous trouverez ici des outils pratiques et des encouragements précieux pour cultiver un cœur compatissant et pour goûter à la joie et à la liberté que le pardon peut offrir.

Mon vœu le plus cher est que ce livre devienne pour vous un compagnon de route, une source inépuisable d'inspiration et un guide pratique sur le chemin du pardon. Que chaque lecteur puisse être touché par la grâce de Dieu, transformé par sa vérité et libéré par son amour.

Révérend,

Pasteur Lucas Zanga

C'est avec un immense honneur que nous vous présentons cet ouvrage magistral du Révérend Pasteur Lucas Zanga. "Le Pardon des offenses, Chemin de Grâce et de Liberté" transcende les frontières de la simple lecture pour devenir une véritable invitation à un voyage transformateur.

Il explore en profondeur les complexités du pardon, offrant une clé inestimable pour ouvrir les portes de la guérison et de la réconciliation, qu'il s'agisse des liens entre frères et sœurs, entre époux, ou encore entre un dirigeant et ses collaborateurs.

Dès que l'on tourne les premières pages, on est immédiatement captivé par la sagesse et la profondeur des enseignements du Pasteur Zanga.

Son écriture, à la fois puissante et poétique, résonne comme une mélodie inspirante au cœur des vérités bibliques. Elle nous pousse à une réflexion personnelle approfondie et à une mise en œuvre concrète des solutions proposées pour retrouver la paix et l'harmonie au sein de la société, et plus particulièrement dans nos communautés chrétiennes.

Il est essentiel de noter que, selon le Pasteur Zanga, le palais de justice mondain n'est pas toujours la voie à privilégier. « Si quelqu'un a sujet de se plaindre, il vaut mieux pardonner », nous rappelle-t-il, invitant ainsi chacun à embrasser l'idée que parfois, il est nécessaire de souffrir quelques injustices pour surmonter les pièges de division et de haine.

Cet ouvrage se présente comme un témoignage vibrant de la grâce et de l'amour divin, devenant une source inépuisable d'inspiration et d'encouragement pour tous ceux qui aspirent à mener une vie de paix et de réconciliation. Le Pasteur Zanga nous rappelle avec emphase que le pardon n'est pas un choix, mais une exigence, un chemin salvateur menant à la liberté et à la bénédiction.

Nous sommes fermement convaincus que cet ouvrage touchera le cœur de nombreux lecteurs, les aidant à surmonter les blessures du passé, à cultiver un cœur empli de compassion, et à goûter à la joie et à la liberté que seul le pardon peut offrir.

Nous exprimons notre plus profonde gratitude au Révérend Pasteur Lucas Zanga pour sa confiance et son engagement indéfectible à partager ce message essentiel avec le monde.

C'est avec une fierté immense que nous contribuons à la diffusion de cette œuvre, qui, nous en sommes persuadés, apportera lumière et transformation à tous ceux qui choisiront de l'accueillir.

Éditeurs

Introduction Générale

Dans un monde où les blessures de l'âme demeurent souvent invisibles et où les rancœurs s'accumulent tel un ensemble de cicatrices silencieuses, le pardon se dresse comme une lumière salvatrice, un chemin de guérison et de réconciliation qui s'inscrit pleinement dans les idéaux de paix incarnés par notre Créateur.

Reconnu comme « *un Dieu miséricordieux, lent à la colère, riche en bonté et en miséricorde, tel est le reflet de son Grand Amour* ».

Créés à son image et à sa ressemblance, nous devrions, en tant qu'êtres humains, aspirer à manifester ces attributs dans notre quotidien, notamment face aux tensions des guerres familiales et intercontinentales qui assombrissent notre époque. La pratique du pardon pourrait non seulement nous préserver de certaines menaces, mais aussi renforcer les liens d'amitié durables.

Ce livre, intitulé « *Le Pardon des Offenses, Chemin de Grâce et de Liberté* », vous invite à explorer les profondeurs de cette vertu essentielle, à découvrir son pouvoir transformateur et à embrasser la liberté qu'elle offre.

Le pardon ne se réduit pas à un simple acte de clémence, ni à une concession faite à autrui. Il représente un processus complexe, un cheminement intérieur qui nous libère des chaînes du ressentiment, de la colère et de l'amertume. C'est un choix audacieux, une décision de lâcher prise sur le passé afin d'accueillir un avenir empreint de paix et de réconciliation.

Né d'une conviction profonde, ce livre affirme que le pardon est une clé essentielle pour mener une vie pleine et épanouie. Il constitue une source de guérison pour nos blessures les plus profondes, un pont qui rétablit les relations brisées, et un chemin qui nous rapproche de Dieu et de nos semblables.

Au fil des pages, nous examinerons les différentes facettes du pardon, en nous nourrissant de la sagesse biblique, des enseignements de Jésus-Christ et des expériences humaines. Nous constaterons que le pardon est bien plus qu'un commandement divin : c'est une source de bénédiction et de liberté pour ceux qui choisissent de le pratiquer.

Ce livre s'adresse à tous ceux qui aspirent à vivre une vie de paix et de réconciliation. Que vous soyez confronté à des blessures du passé, à des conflits présents ou à des défis futurs, vous trouverez ici des outils pratiques et des encouragements visant à cultiver un cœur compatissant, tout en expérimentant la joie et la liberté que le pardon peut apporter.

Mon souhait le plus sincère est que cet ouvrage devienne pour vous un compagnon de route, une source d'inspiration et un guide pratique sur le chemin du pardon. Que chaque lecteur puisse être touché par la grâce de Dieu, transformé par sa vérité et libéré par son amour.

Lucas Zanga

Révérend Pasteur

TABLE DES MATIERES

Remerciements

Avant-propos

Note éditoriale

Introduction générale

PARTIE 1

LA NATURE DIVINE DU PARDON 15

Dieu, source de pardon

Le pardon dans l'Ancien Testament

Le pardon dans le Nouveau Testament

Jésus, incarnation du pardon

Le pardon dans les épîtres

PARTIE 2

LE PARDON HUMAIN, UN DÉFI ET UNE NÉCESSITÉ 21

La nature humaine et le besoin de pardon

Le processus du pardon

Le pardon dans les relations

Études de cas

PARTIE 3

LES CONSÉQUENCES DRAMATIQUES DE L'ABSENCE DE PARDON 29

Les impacts émotionnels et psychologiques

Les répercussions sur les relations interpersonnelles

Le pardon et la santé spirituelle

PARTIE 4 : LE PARDON EN ACTION   39

Le pardon dans notre vie quotidienne

Le pardon dans les relations interpersonnelles

Le pardon comme outil de guérison collective

PARTIE 1

La nature divine du pardon

Dieu et le pardon : un appel à la grâce

Au sein de la nature divine, le pardon se dresse comme un phare éclatant, une vertu qui transcende notre compréhension. « *À notre Dieu, qui ne se lasse pas de pardonner* » (Isaïe 55 :7).

Ces paroles, murmurées à travers les âges, continuent de résonner aujourd'hui, illustrant l'infinie constance de la miséricorde divine. Dieu, lent à la colère et riche en bonté, choisit de ne pas nous traiter selon nos iniquités. Sa colère, bien que juste, cède le pas à son amour incommensurable, à sa miséricorde et à sa patience indéfectible.

« *Et tout cela vient de Dieu, qui nous a réconciliés avec lui par Christ, et qui nous a donné le ministère de la réconciliation. Car Dieu était en Christ, réconciliant le monde avec lui-même, en n'imputant point aux hommes leurs offenses, et il a mis en nous la parole de la réconciliation* » (2 Corinthiens 5 :19).

Dans l'exercice de son ministère, Jésus-Christ, dans sa souveraineté, avait le plein pouvoir de pardonner tous types de péchés, à l'exception du blasphème contre le Saint-Esprit. Les pharisiens, peu avisés, murmuraient à l'idée que Jésus accorde son pardon à un paralytique. « *Car, lequel est le plus aisé, de dire : Tes péchés sont pardonnés, ou de dire : Lève-toi, et marche ?* » *(Matthieu 9 :5-6).*

Nous prenons conscience de la méchanceté humaine, toujours prête à condamner et juger le prochain. Afin de révéler le caractère miséricordieux de Dieu et sa capacité à pardonner les offenses, le Seigneur Jésus-Christ répondit expressément aux pharisiens :

« *Or, afin que vous sachiez que le Fils de l'homme a sur la terre le pouvoir de pardonner les péchés : Lève-toi, dit-il au paralytique, prends ton lit, et va dans ta maison* ».

Le pouvoir de pardonner les offenses a donc été délégué aux apôtres par cette note :

« Ceux à qui vous pardonnerez les péchés, ils leur seront pardonnés ; et ceux à qui vous les retiendrez, ils leur seront retenus ».

Ainsi, il est indéniable que ce n'est pas seulement Dieu qui pardonne ; Jésus, ses apôtres, ainsi que les frères et sœurs en Christ jouissent également de ce privilège béni. Il est donc impératif de ne pas laisser nos semblables s'égarer en enfer à cause de notre manque de pardon et de la dureté de nos cœurs.

La promesse du pardon divin

« Quel Dieu est semblable à toi, Qui pardonnes l'iniquité, qui oublies les péchés du reste de ton héritage ?

Il ne garde pas sa colère à toujours, car il prend plaisir à la miséricorde. Il aura encore compassion de nous, il mettra sous ses pieds nos iniquités ; tu jetteras au fond de la mer tous leurs péchés » (Michée 7 :19).

Le pardon des offenses, pierre angulaire du christianisme, est un élan vibrant vers la conversion, une invitation à quitter les ténèbres pour accueillir la lumière.

« Car Dieu a tant aimé le monde qu'il a donné son Fils unique, afin que quiconque croit en lui ne périsse point, mais qu'il ait la vie éternelle » (Jean 3 :16).

Ce don suprême, ce sacrifice ultime, nous offre l'espérance d'une existence renouvelée, affranchie du poids de nos péchés.

Cependant, le pardon n'est pas seulement un attribut divin ; il se présente également comme un commandement, un devoir sacré qui nous incombe. *« Si vous ne pardonnez pas aux hommes leurs offenses, votre Père céleste ne vous pardonnera pas non plus vos offenses »* (Matthieu 6 :15). Ces paroles de Jésus résonnent avec force, nous rappelant que notre propre pardon dépend de notre capacité à pardonner aux autres.

Le pardon : Un chemin semé d'embûches

Notre nature pécheresse nous rend faillibles, prompts à infliger du tort et à blesser nos semblables. Les mécontentements, les divisions et les rancœurs s'installent, éloignant la paix. Le manque de pardon devient alors une source de conflits, de haine et de violence.

Pardonner, c'est bien plus qu'un simple acte ; c'est un processus de guérison, un cheminement vers la liberté. C'est oublier l'offense, renoncer à la vengeance, et élargir notre capacité de soutien et de tolérance. *« Supportez-vous les uns les autres, et, si l'un a sujet de se plaindre de l'autre, pardonnez-vous réciproquement, comme Christ vous a pardonné »* (Colossiens 3 :13).

Comment Dieu nous a-t-il pardonné ?

« Car, lorsque nous étions encore sans force, Christ est mort pour les impies, au temps marqué » (Romains 5 :6).

Sans exiger de contrepartie, il a offert sa vie en sacrifice, nous rachetant de nos péchés. *« Il n'y a donc maintenant aucune condamnation pour ceux qui sont en Jésus-Christ »* (Romains 8 :1).

Les conditions du pardon

La repentance : Un retour sincère à Dieu, une reconnaissance de nos fautes. *« Celui qui cache ses transgressions ne prospère point, mais celui qui les avoue et les délaisse obtient miséricorde »* (Proverbes 28 :13).

La foi : Une confiance totale en la grâce de Dieu, en sa capacité à nous pardonner et à nous transformer.

Le pardon envers les autres : Un acte d'amour et de miséricorde envers ceux qui nous ont offensés. « Alors Pierre s'approcha de lui, et dit : Seigneur, combien de fois pardonnerai-je à mon frère, lorsqu'il péchera contre moi ? Sera-ce jusqu'à sept fois ? Jésus lui dit : Je ne te dis pas jusqu'à sept fois, mais jusqu'à soixante-dix fois sept fois » (Matthieu 18 :21-22).

Les conséquences du manque de pardon

Le refus du pardon divin : *« Si vous ne pardonnez pas aux hommes leurs offenses, votre Père céleste ne vous pardonnera pas non plus vos offenses »* (Matthieu 6 :15).

La prison de la rancœur : Un fardeau qui nous empêche de vivre pleinement.

L'exclusion du royaume des cieux : « Car si vous pardonnez aux hommes leurs offenses, votre Père céleste vous pardonnera aussi ; mais si vous ne pardonnez pas aux hommes, votre Père ne pardonnera pas non plus vos offenses » (Matthieu 6 :14-15).

Les bienfaits du pardon

La paix avec Dieu et avec les autres : *« Heureux celui à qui la transgression est remise, à qui le péché est pardonné ! Heureux l'homme à qui l'Éternel n'impute pas d'iniquité, et dans l'esprit duquel il n'y a point de fraude ! »* (Psaumes 32 :1-2).

La joie et la liberté : Un cœur libéré du poids de la rancœur.

La réconciliation : Un retour à l'harmonie avec Dieu et avec nos semblables.

En conclusion, le pardon est un chemin exigeant, mais ô combien gratifiant. Il nous convie à imiter Dieu, à transcender notre condition humaine pour embrasser la grâce divine. Puissions-nous, à l'image de notre Sauveur, choisir le pardon, la réconciliation et l'amour.

DEUXIEME PARTIE

Le Pardon Humain, un Défi et une Nécessité

La nature humaine et le besoin de pardon

Au cœur de la condition humaine réside une réalité incontournable : nous sommes tous pécheurs et faillibles. Chaque jour, nos actions, nos paroles et nos pensées peuvent infliger des blessures profondes aux autres, tout autant que nous pouvons nous retrouver en proie aux offenses d'autrui.

Cette dynamique de l'offense et du pardon fait partie intégrante de notre existence. Elle s'inscrit dans un cycle perpétuel où la rancœur et l'amertume peuvent facilement empoisonner nos relations, nous entravant ainsi dans notre quête d'une vie épanouie.

Le pardon, loin d'être une simple décision, est une nécessité vitale. Cette nécessité est d'autant plus pressante dans un monde où la souffrance et la douleur se manifestent de mille manières. L'absence de pardon peut créer des murs infranchissables entre les individus, générant des conflits, des malentendus et une forme de solitude émotionnelle insupportable.

Il est essentiel de comprendre que la rancœur, l'amertume et le ressentiment ne blessent pas seulement ceux qui nous ont offensés, mais nous affectent également, nous emprisonnant dans une souffrance autogénérée.

La repentance et la confession, dans ce contexte, deviennent des actes sacrés, des rituels de guérison qui nous permettent de retrouver notre humanité.

Ce processus commence par la reconnaissance de nos propres torts. Accepter que nous ayons blessé autrui ou que nous avons été blessés est le premier pas vers la réconciliation. Cette reconnaissance est souvent douloureuse, mais elle est aussi libératrice. Elle nous offre l'opportunité de tourner la page sur le passé, de reconnaître notre vulnérabilité et d'embrasser notre humanité.

Demander pardon, c'est aussi faire acte de foi. C'est croire en la capacité de l'autre à accueillir notre repentir et à nous accorder la grâce de leur pardon.

Ce moment peut s'avérer être une épreuve, car il nous oblige à faire face à notre propre fierté, à nos peurs et à nos doutes. Cependant, ce chemin, bien que difficile, est essentiel pour restaurer les relations brisées. Il nous permet de relâcher le poids des offenses accumulées et de redonner vie à des liens qui semblaient irrémédiablement brisés.

En outre, le besoin de pardon n'est pas seulement une question d'interactions humaines.

C'est aussi une dimension spirituelle profonde qui touche notre relation avec Dieu. Dans notre quête de pardon, nous découvrons souvent que nous avons besoin de la grâce divine pour être en mesure de pardonner. Cette réalisation nous rappelle que le pardon est une démarche holistique, englobant notre être tout entier, corps, âme et esprit.

Ainsi, cette nature humaine, avec ses imperfections et ses faiblesses, nous pousse inexorablement vers le besoin de pardon. Reconnaître ce besoin, l'accepter et s'engager sur le chemin du pardon est essentiel non seulement pour notre propre paix intérieure, mais aussi pour la restauration des relations et la construction d'une communauté harmonieuse.

Le processus du pardon

Le pardon est souvent perçu comme un acte simple, mais en réalité, il s'agit d'un processus complexe et multidimensionnel. Ce processus exige du temps, de la patience et de la grâce. Chaque individu vit le pardon à sa manière, et les étapes peuvent varier d'une personne à l'autre. Cependant, certaines phases sont universelles et peuvent être identifiées comme étapes clés dans le cheminement vers le pardon.

La première étape consiste à reconnaître la blessure. Cela signifie prendre le temps de réfléchir et de comprendre la douleur que l'offense a causée.

Cette reconnaissance est cruciale, car elle nous aide à prendre conscience de l'impact de l'acte sur notre vie et celle des autres. Il est important de ne pas minimiser la douleur ressentie ou d'ignorer les émotions qui en découlent. Accepter la réalité de la blessure est un acte de courage qui nous prépare à guérir.

Une fois la blessure reconnue, la deuxième étape est de choisir de pardonner, même si les sentiments négatifs persistent. Le pardon n'est pas un acte impulsif ;

il s'agit d'un choix délibéré qui peut nécessiter un travail intérieur considérable. Il est fréquent que les émotions de colère, de tristesse ou de ressentiment persistent même après avoir pris la décision de pardonner. C'est là que la véritable force de caractère entre en jeu. Choisir de pardonner, c'est choisir de ne plus laisser l'autre personne ou l'offense avoir du pouvoir sur notre vie.

La troisième étape implique de lâcher prise, ce qui signifie abandonner la rancœur et le désir de vengeance. Lâcher prise n'est pas synonyme d'oubli.

Cela ne signifie pas non plus que nous minimisons l'offense. Au contraire, cela implique de reconnaître la douleur tout en choisissant de ne plus laisser cette douleur contrôler nos pensées ou nos actions. Ce processus peut être long, et il est naturel de ressentir des hauts et des bas tout au long du chemin.

Une quatrième étape essentielle est de prier pour celui qui nous a offensés. La prière est un puissant outil de transformation personnelle. En priant pour l'autre personne, nous commençons à changer notre perspective.

La prière nous aide à développer la compassion et à voir l'autre sous un jour nouveau, non pas comme un agresseur, mais comme un être humain, faillible comme nous. Cela ne signifie pas que nous approuvons leurs actions, mais cela nous aide à plaider pour leur bien et leur guérison.

Enfin, la cinquième étape est de chercher la réconciliation, si cela est possible. La réconciliation peut impliquer des conversations difficiles, des excuses ou même des gestes symboliques pour réparer la relation. Cela nécessite souvent du courage et de la vulnérabilité, mais elle peut également conduire à une profonde guérison et à un renforcement des liens.

Cependant, il existe plusieurs obstacles au pardon. La colère, la douleur, la peur et l'orgueil peuvent nous enfermer dans un cycle de ressentiment. Reconnaître ces obstacles est crucial. Cela nous permet de nous confronter à nos émotions et de travailler à les surmonter. Avec l'aide de Dieu, nous pouvons transformer notre douleur en force, notre colère en compassion, et notre orgueil en humilité.

Le processus du pardon est un cheminement. Il ne s'agit pas d'un acte unique, mais d'un voyage continu, souvent parsemé d'embûches. Mais chaque pas sur ce chemin est un pas vers la guérison, la paix intérieure et la réconciliation.

Le pardon dans les relations

Le pardon joue un rôle central dans toutes les relations humaines. Il est le ciment qui peut réparer les liens entre conjoints, parents, amis et même membres d'une communauté. Sans pardon, les relations peuvent facilement se dégrader, créer des malentendus et provoquer des ruptures douloureuses.

Dans la famille, le pardon est particulièrement essentiel. Les relations familiales sont souvent les plus intenses et les plus émotionnelles.

Entre conjoints, le pardon peut être nécessaire pour surmonter les erreurs, les malentendus et les blessures qui surviennent au fil du temps. Un couple qui ne pratique pas le pardon peut voir sa relation se détériorer, développer de la rancœur, et finalement s'éloigner. Le pardon à l'intérieur de la famille permet non seulement de réparer les blessures, mais aussi de renforcer les liens d'amour et de solidarité.

Entre parents et enfants, le pardon est tout aussi crucial. Les parents, en cherchant à élever leurs enfants, peuvent parfois blesser ou décevoir sans le vouloir.

La capacité à reconnaître ses erreurs et à demander pardon peut enseigner aux enfants l'importance de prendre responsabilité pour leurs actions. De même, les enfants doivent apprendre à pardonner leurs parents pour les erreurs qu'ils commettent inévitablement en tant qu'êtres humains. Ce cycle de pardon permet de créer une atmosphère d'amour et de compréhension familiale.

Les relations fraternelles, souvent marquées par des rivalités et des disputes, nécessitent également du pardon. Les frères et sœurs peuvent se blesser mutuellement, mais la capacité à se pardonner permet de construire des relations durables, fondées sur le respect et la bienveillance.

Dans le cadre de l'église, le pardon est un principe fondamental. Les membres d'une communauté partagent une vie spirituelle qui peut être mise à mal par des tensions et des conflits. Le pardon est essentiel pour maintenir l'harmonie et l'unité au sein de l'assemblée. Les leaders doivent également montrer l'exemple en pratiquant le pardon, afin d'encourager les fidèles à faire de même.

Dans la société, le pardon est un pilier nécessaire à la paix et à la cohésion sociale. Les conflits communautaires, les tensions raciales et les injustices historiques nécessitent souvent un processus de pardon collectif pour avancer vers la réconciliation. Le pardon permet de tourner la page sur les griefs passés, de construire des ponts et de favoriser un dialogue constructif.

Il est également essentiel de reconnaître l'importance du pardon de soi-même. Les erreurs que nous commettons peuvent souvent nous hanter, créant un sentiment de culpabilité et de honte. Apprendre à se pardonner est un acte qui libère. Cela permet d'accepter notre humanité, de reconnaître que nous sommes tous faillibles, et d'avancer en embrassant la grâce de Dieu. Ce pardon de soi-même est une étape cruciale pour guérir et se reconstruire.

Ainsi, le pardon est une nécessité dans chaque sphère de nos vies. Que ce soit dans la famille, à l'église ou au sein de la société, le pardon est le fondement sur lequel se bâtissent des relations saines et épanouissantes. C'est un précepte que nous devons intégrer dans notre quotidien pour créer un environnement de paix, d'amour et de compréhension.

Études de cas

Les études de cas sur le pardon offrent des perspectives précieuses, illustrant le pouvoir transformateur du pardon dans la vie des individus. Dans le cadre de ces récits, nous pouvons intégrer des exemples d'histoires réelles, des témoignages de personnes ayant expérimenté le pardon dans des situations variées.

Prenons, par exemple, le récit de personnes ayant subi des traumatismes profonds. Certaines ont vécu des violences physiques ou émotionnelles, des trahisons ou des pertes tragiques. Leur chemin vers le pardon n'a pas été simple,

Mais il a été salvateur. Grâce à des séances de thérapie, des groupes de soutien ou des pratiques spirituelles, ces individus ont appris à surmonter leur douleur. Ils ont découvert que le pardon ne signifiait pas oublier leur souffrance, mais plutôt se libérer des chaînes qui les retenaient prisonniers.

Un autre exemple pourrait être celui d'une personne qui a perdu un être cher dans un accident tragique. Après des années de ressentiment envers le conducteur responsable, cette personne a choisi de s'engager dans un processus de pardon, cherchant à comprendre le parcours de l'autre. Ce cheminement a ouvert la voie à une réconciliation intérieure, permettant à cette personne de retrouver la paix.

Les témoignages de figures publiques peuvent également illustrer le pouvoir du pardon. Des personnalités ayant vécu des conflits personnels, des luttes contre des injustices ou des parcours de réhabilitation partagent souvent leur expérience. Leurs récits offrent une lumière d'espoir, montrant que le pardon est possible, même dans les circonstances les plus difficiles.

L'analyse des exemples bibliques offre également des leçons précieuses. Le récit de Joseph, vendu par ses frères, est emblématique. Malgré les trahisons et les injustices qu'il a subies, Joseph a choisi de pardonner et de réconcilier avec sa famille. Ce récit souligne que le pardon peut mener à des restaurations inattendues et à des bénédictions incomparables.

Ces études de cas, qu'elles soient contemporaines ou historiques, nous rappellent que le processus du pardon est à la fois personnel et universel. Chaque récit est une invitation à réfléchir à notre propre rapport au pardon, à nos propres blessures, et à la manière dont nous pouvons embrasser la grâce de Dieu dans nos vies.

PARTIE 3

Les Conséquences Dramatiques de l'Absence de Pardon

Introduction

Le pardon, tel un baume céleste, apaise les blessures de l'âme et rétablit l'harmonie entre les êtres. Son absence, en revanche, déclenche une spirale infernale de conséquences désastreuses, tant sur le plan individuel que collectif, tissant une toile de souffrance et de désespoir. Dans cette section, nous explorerons les conséquences personnelles, relationnelles et spirituelles de l'absence de pardon, ainsi que les effets dévastateurs que cela peut avoir sur l'humanité.

Conséquences personnelles

L'amertume et la rancœur

L'amertume et la rancœur s'insinuent insidieusement dans les profondeurs de l'âme, tel un poison qui corrode lentement la joie de vivre. Quand une personne refuse de pardonner, elle se condamne à vivre dans un état de colère permanente, où la lumière de l'espoir s'éteint peu à peu.

La Bible nous met en garde contre ce fléau : « *Veillez à ce qu'aucune racine d'amertume ne pousse, pour ne pas troubler et contaminer beaucoup de gens* » (Hébreux 12:15). En cultivant l'amertume, l'individu se recroqueville sur lui-même, prisonnier de ses propres tourments, incapable de goûter aux délices simples de l'existence.

Cette amertume, telle une plante invasive, finit par étouffer toute forme de bonheur. Les souvenirs heureux sont obscurcis par la douleur de l'injustice ressentie, et chaque interaction devient une occasion de raviver la blessure. L'absence de pardon nous empêche de voir la beauté du monde, de savourer les moments de joie, et de nous ouvrir à l'amour des autres.

La colère et la violence

La rancœur non résolue se transforme, tel un volcan en éruption, en une rage dévastatrice qui peut se manifester par des explosions de colère incontrôlables. *« La colère est cruelle, et la fureur est comme un torrent, mais qui peut tenir devant la jalousie ? »* (Proverbes 27 :4). La colère, lorsqu'elle est alimentée par le ressentiment, peut mener à des comportements autodestructeurs ou à des actes de violence dirigés vers autrui.

Lorsqu'une personne choisit de ne pas pardonner, elle nourrit un feu intérieur, une rage qui finit par consumer tout sur son passage. Les explosions de colère peuvent détruire des relations, provoquer des ruptures et créer des cicatrices indélébiles. Les victimes de cette colère, qu'il s'agisse de proches ou d'étrangers, peuvent porter le poids de cette violence pendant des années, accentuant ainsi le cercle vicieux de la souffrance.

L'isolement et la solitude

Le manque de pardon érige des murs infranchissables entre les individus, les coupant du soutien et de l'amour de leurs proches. L'absence de pardon crée un fossé qui isole l'individu, le repliant sur lui-même, tel un ermite reclus dans sa tour d'ivoire. Dans cet isolement, la souffrance se renforce, et la personne se retrouve piégée dans un cycle de tristesse et de désespoir. « L'homme seul est en danger » (Ecclésiaste 4:10), et l'absence de pardon peut transformer une personne en une ombre de ce qu'elle était autrefois.

Ce repli sur soi peut mener à la dépression et à l'anxiété, des troubles qui frappent de plus en plus de personnes dans notre société moderne. La solitude, exacerbée par l'absence de pardon, peut devenir une prison, où les murs sont construits par le ressentiment et l'amertume. La personne souffrante peut se sentir incomprise, incapable de partager sa douleur avec ceux qui l'entourent, et se retrouver à errer dans les ténèbres de sa propre souffrance.

La dépression et l'anxiété

Le poids du ressentiment agit tel un fardeau écrasant sur l'âme, engendrant des troubles psychologiques profonds. Les individus qui choisissent de ne pas pardonner se retrouvent souvent aux prises avec la dépression, l'anxiété, et même le stress post-traumatique. *« Le cœur joyeux est un bon remède, mais l'esprit abattu dessèche les os »* (Proverbes 17 :22). La rancœur et la douleur intérieure peuvent conduire à une spirale descendante, rendant chaque jour plus lourd et plus difficile à supporter.

Dans ces moments d'obscurité, il est crucial de se rappeler que la libération se trouve dans le pardon. En choisissant de pardonner, nous nous libérons des chaînes qui nous entravent, nous permettant ainsi de retrouver la lumière et la paix intérieure. Le pardon est un acte de courage qui, bien qu'il puisse sembler difficile, ouvre la voie à la guérison.

Les maladies physiques

Le stress chronique et les émotions négatives, tels des agents pathogènes invisibles, affaiblissent le système immunitaire, rendant la personne plus vulnérable aux maladies. De nombreuses études ont montré que le pardon a des effets bénéfiques sur la santé physique.

« Mon fils, prête attention à mes paroles ; incline ton oreille à mes discours. Qu'ils ne s'éloignent pas de tes yeux, garde-le au fond de ton cœur ; car elles sont la vie pour ceux qui les trouvent, et la santé pour tout leur corps » (Proverbes 4 :20-22).

Les personnes qui portent en elles des ressentiments et des rancunes sont souvent confrontées à des problèmes de santé tels que l'hypertension, les maladies cardiaques et d'autres troubles. Le corps et l'esprit sont interconnectés, et lorsque l'esprit est tourmenté, le corps en ressent les conséquences. Le pardon, en tant qu'acte de libération, permet de réduire le stress et d'améliorer la santé physique, offrant ainsi une chance de guérison à la fois spirituelle et corporelle.

Conséquences relationnelles

La rupture des liens familiaux et amicaux

Les conflits non résolus et le manque de pardon, tel des termites rongeurs, érodent les relations les plus précieuses. La rancœur peut transformer des amis en ennemis, des frères et sœurs en étrangers, et des couples en étrangers vivant sous le même toit. Les relations familiales, souvent considérées comme indestructibles, peuvent s'effondrer sous le poids des rancunes accumulées.

Lorsque le pardon fait défaut, un climat de méfiance et de ressentiment s'installe, rendant la communication difficile et parfois impossible. *« L'amour couvre toutes les fautes »* (Proverbes 10 :12). Au lieu de construire des ponts, l'absence de pardon crée des murs, et les personnes se retrouvent isolées dans leur propre douleur, incapables de se réconcilier et de restaurer les liens.

Les conflits et les guerres

À l'échelle mondiale, l'absence de pardon, tel un incendie incontrôlable, alimente des cycles de violence. Les tragédies historiques, les conflits ethniques et les tensions religieuses trouvent souvent leurs racines dans des blessures non guéries. Le pardon est essentiel pour construire la paix, et son absence peut mener à des guerres et à des souffrances qui se transmettent de génération en génération.

« Vous avez entendu qu'il a été dit : Œil pour œil, dent pour dent. Mais moi, je vous dis de ne pas résister au méchant » (Matthieu 5 :38-39). Cette parole de Jésus rappelle que la réponse à l'offense ne doit pas être la vengeance, mais plutôt le pardon. En choisissant de pardonner, les nations peuvent rompre le cycle de la violence et bâtir un avenir où la paix prévaut.

Le cycle de violence

La haine, tel un héritage empoisonné, se transmet de génération en génération. Les enfants grandissent en observant les conflits, apprenant à haïr ceux qui sont différents d'eux. Ce cycle de violence et de ressentiment enferme l'humanité dans une spirale infernale. Les blessures non guéries se transmettent comme un flambeau, et chaque nouvelle génération se retrouve confrontée aux mêmes luttes et aux mêmes conflits.

« Car c'est dans le cœur des hommes que naissent les pensées mauvaises, les meurtres, les adultères, les immoralités, les vols, les faux témoignages, les calomnies » (Matthieu 15 :19). Le pardon est une clé qui peut rompre ce cycle et ouvrir la voie à un avenir meilleur. C'est un acte de rébellion contre l'héritage de la haine, un choix délibéré de construire des ponts plutôt que des murs.

L'injustice et la discrimination

Le refus de reconnaître la dignité de l'autre, tel un acte de déshumanisation, conduit à des actes d'injustice et de discrimination. Les conflits raciaux, religieux, et culturels sont souvent alimentés par des rancunes historiques qui, si elles ne sont pas résolues, peuvent mener à des actes de violence et d'oppression. « Car tous, vous êtes un en Christ Jésus » (Galates 3 :28).

Le pardon est un antidote nécessaire aux injustices. En choisissant de pardonner, nous reconnaissons l'humanité de l'autre malgré les erreurs passées, facilitant ainsi la réconciliation et l'égalité. Ce processus nécessite une volonté collective de travailler vers une compréhension mutuelle et une acceptation de la diversité humaine. Le pardon devient alors une force transformante qui unit plutôt que divise.

Conséquences spirituelles

La séparation de Dieu

Le manque de pardon, tel un voile obscur, entrave notre communion avec Dieu. Lorsque nous nourrissons des rancunes et des ressentiments, notre cœur se ferme à la grâce divine.

« Si nous disons que nous avons communion avec lui, et que nous marchons dans les ténèbres, nous mentons et nous ne pratiquons pas la vérité » (1 Jean 1:6). Cette fermeture nous éloigne de notre source de vie, nous laissant dans un état de sécheresse spirituelle.

Le pardon est le chemin qui nous permet de revenir à Dieu. En choisissant de pardonner, nous ouvrons notre cœur à la réconciliation avec le divin. Dieu, dans son amour infinie, nous appelle à embrasser le pardon pour retrouver notre place dans sa présence. L'absence de pardon, en revanche, nous éloigne de notre créateur et nous empêche de vivre pleinement notre foi.

La perte de la joie et de la paix

Les fruits de l'Esprit Saint, tels que la joie et la paix, s'éloignent de ceux qui cultivent la rancœur et l'amertume. *« Le fruit de l'Esprit est : amour, joie, paix, patience, bonté, fidélité, douceur, tempérance »* (Galates 5 :22-23). Lorsque nous nous accrochons à des blessures non guéries, nous nous privons de ces précieux dons.

La joie est remplacée par le vide, et la paix par l'agitation. Les pensées négatives prennent le pas sur la sérénité, et nous sommes entraînés dans une spirale de désespoir. Le pardon, en tant qu'acte de libération, permet de réduire le stress et d'améliorer notre état d'esprit, offrant ainsi une chance de retrouver la plénitude de la vie en Christ.

L'entrave à la prière

Le manque de pardon, tel un mur infranchissable, bloque notre communication avec Dieu. Lorsque nous gardons des rancunes dans nos cœurs, nos prières semblent étouffées, et nous avons du mal à nous connecter avec le divin. *« Et quand vous êtes debout en prière, si vous avez quelque chose contre quelqu'un, pardonnez-lui »* (Marc 11 :25).

Le pardon est une clé qui ouvre la porte à une prière authentique. En éliminant les obstacles que nous avons érigés, nous pouvons approcher Dieu avec un cœur pur, prêt à recevoir sa grâce et sa miséricorde. Sans le pardon, notre vie de prière devient stérile et sans fruit, et nous nous perdons dans une routine spirituelle vide de sens.

Le jugement divin

La Bible, telle une voix tonnante, nous avertit que Dieu ne pardonne pas à ceux qui refusent de pardonner à leurs semblables. *« Si vous ne pardonnez pas aux hommes leurs offenses, votre Père céleste ne vous pardonnera pas non plus vos offenses »* (Matthieu 6 :15). Ce passage souligne l'importance du pardon dans notre relation avec Dieu.

Le jugement divin n'est pas un acte arbitraire, mais une conséquence naturelle de notre choix de vivre dans l'amertume et le ressentiment. Le pardon est une condition qui nous permet de recevoir la grâce divine et de marcher dans la lumière de son amour. En choisissant de ne pas pardonner, nous nous privons de la miséricorde de Dieu et de la douceur de sa présence.

Conclusion

Les conséquences dramatiques de l'absence de pardon sont profondes et touchent tous les aspects de la vie humaine. Que ce soit sur le plan personnel, relationnel ou spirituel, le refus de pardonner engendre des souffrances qui peuvent perdurer et se multiplier. Le pardon, bien que difficile, est une voie vers la guérison et la réconciliation, tant avec soi-même qu'avec autrui.

Choisir de pardonner est un acte de courage, un choix délibéré qui ouvre la voie à la paix et à la joie. En embrassant le pardon, nous ne nous libérons pas seulement nous-mêmes, mais nous offrons également une chance de rédemption à ceux qui nous entourent. Le pardon est la clé qui nous permet de vivre pleinement en harmonie avec nous-mêmes, avec les autres et avec Dieu.

PARTIE 4

Le pardon en action

Le pardon dans notre vie quotidienne

Le pardon ne doit pas être perçu comme un simple acte ponctuel, mais plutôt comme une dynamique active qui doit imprégner chaque aspect de notre vie quotidienne.

Dans notre monde moderne, où les tensions, les conflits et les malentendus peuvent facilement surgir, il est crucial de cultiver une attitude de pardon. Cette pratique peut transformer non seulement nos relations avec les autres, mais aussi notre propre état d'esprit et notre bien-être émotionnel.

Le pardon commence souvent par une prise de conscience de nos propres émotions. Lorsque nous faisons face à une offense, il est essentiel de reconnaître nos sentiments – que ce soit la colère, la tristesse ou la frustration.

L'autoréflexion est une étape clé. Plutôt que de réagir impulsivement, nous devons prendre le temps de réfléchir à la situation. Que nous disent nos sentiments ? Pourquoi ressentons-nous cette douleur ou cette colère ? Cette introspection nous aide à comprendre que nous sommes des êtres humains faillibles, et que nous avons tous, à un moment ou un autre, blessé ou été blessés.

Une fois que nous avons pris conscience de nos émotions, il est important de faire le choix de pardonner.

Ce choix peut être difficile, surtout lorsque les blessures sont profondes. La société nous encourage souvent à céder à la rancœur, à maintenir nos distances et à nous venger. Mais choisir de pardonner est un acte de courage et de force.

Cela ne signifie pas que nous minimisons l'offense ou que nous tolérons des comportements nuisibles ; au contraire, cela signifie que nous agissons pour notre propre bien-être et notre paix intérieure.

Le pardon dans notre vie quotidienne implique aussi des gestes concrets. Parfois, il suffit d'un simple acte de gentillesse pour amorcer le processus de réconciliation.

Envoyer un message d'encouragement à quelqu'un avec qui nous avons eu un malentendu, faire un geste sympathique ou prendre le temps d'écouter les préoccupations de l'autre peut ouvrir la voie à une conversation constructive.

Ces petits gestes peuvent sembler insignifiants, mais ils portent en eux une grande puissance. Ils témoignent de notre volonté de dépasser les blessures et d'atteindre une compréhension mutuelle.

Dans le cadre du pardon quotidien, nous devons également apprendre à nous pardonner nous-mêmes. Souvent, nous sommes nos pires critiques, nous infligeant une culpabilité injuste pour des erreurs passées.

Se libérer de cette culpabilité est essentiel pour avancer. Cela nécessite d'accepter notre humanité, de reconnaître que nous avons tous des imperfections. En apprenant à nous pardonner, nous cultivons une attitude de bienveillance envers nous-mêmes, ce qui nous permet d'étendre cette bienveillance aux autres.

Enfin, le pardon dans notre vie quotidienne doit s'accompagner d'une prière sincère. La prière est un puissant outil de transformation.

En nous adressant à Dieu, nous pouvons demander à être aidés dans notre cheminement vers le pardon. Nous pouvons prier pour ceux qui nous ont offensés, en leur souhaitant bienveillance et guérison. Cette démarche spirituelle nous permet de changer notre perspective, de développer de la compassion et de nous rapprocher de la grâce divine.

À travers ces éléments, le pardon devient une véritable pratique quotidienne. Il s'agit d'un engagement conscient envers la paix intérieure et l'harmonie dans nos relations. En intégrant le pardon dans notre vie de tous les jours, nous construisons des ponts, nous apaisons les tensions et nous ouvrons la voie à des relations plus authentiques et significatives.

Le pardon dans les relations interpersonnelles

Les relations interpersonnelles sont le terreau fertile où le pardon peut s'épanouir. Que ce soit dans le cadre familial, amical ou professionnel, le pardon joue un rôle crucial pour maintenir des liens sains et constructifs. Dans un monde où les malentendus et les conflits sont inévitables, savoir comment mettre le pardon en action dans nos relations est essentiel.

Dans le cadre familial, le pardon est souvent mis à l'épreuve. Les membres d'une même famille partagent des histoires, des souvenirs et des attentes.

Les conflits peuvent surgit à n'importe quel moment, qu'il s'agisse de désaccords sur des choix de vie, de comportements blessants ou de rivalités fraternelles. Le pardon familial est donc primordial pour restaurer l'harmonie au sein du foyer.

Prenons l'exemple d'un couple. Les partenaires peuvent traverser des périodes difficiles, où des paroles blessantes sont échangées.

Quelquefois, ces blessures peuvent paraître insurmontables. Cependant, lorsque les deux partenaires choisissent d'adopter une attitude de pardon, cela crée un espace pour la guérison. Une conversation ouverte, où chacun exprime ses sentiments et ses désirs, peut permettre de rétablir le dialogue et de renforcer les liens.

Le pardon entre parents et enfants est tout aussi crucial. Les parents peuvent commettre des erreurs, que ce soit par des choix éducatifs malheureux ou une réaction excessive à un comportement d'enfant.

Dans ces cas, la capacité des parents à demander pardon et à reconnaître leurs erreurs est un enseignement précieux pour leurs enfants.

Cela montre que personne n'est parfait et que l'important est de grandir à travers ses erreurs. De même, les enfants doivent apprendre à pardonner à leurs parents, ce qui favorise une atmosphère de compréhension et de soutien.

Les relations amicales, quant à elles, reposent souvent sur la confiance et la vulnérabilité. Lorsque cette confiance est trahie, que ce soit par des paroles malheureuses ou des actions déloyales, le pardon devient indispensable. Dans une amitié, il est vital de pouvoir exprimer ses émotions et de reconnaître l'impact des actions de l'autre. Le processus de pardon peut impliquer des discussions franc et ouvert, où chacun peut partager ses sentiments, poser

des questions et chercher à comprendre l'autre. Cela permet non seulement de résoudre les conflits, mais aussi de renforcer le lien d'amitié.

Dans le milieu professionnel, le pardon joue également un rôle crucial. Les équipes doivent souvent faire face à des divergences d'opinion, des malentendus ou des situations de stress qui peuvent engendrer des conflits.

Le pardon au travail implique de reconnaître les erreurs, de faire preuve de compréhension et d'être prêt à avancer malgré les différends. Cela favorise un environnement de travail sain, où la coopération et la collaboration peuvent s'épanouir.

Dans tous ces types de relations, le pardon n'est pas un acte isolé, mais un processus continu. Cela nécessite un engagement à long terme, une volonté de comprendre l'autre et de restaurer le lien.

Le pardon dans les relations interpersonnelles est un véritable acte d'amour et de respect. C'est la reconnaissance que, malgré nos imperfections, nous sommes tous dignes d'être compris et acceptés. En mettant le pardon en action, nous bâtissons des relations plus solides, enrichissantes et durables.

Le pardon comme outil de guérison collective

À une échelle plus large, le pardon peut également être vu comme un outil de guérison collective. Dans des sociétés marquées par des traumatismes, des conflits historiques ou des injustices, le pardon devient un moyen essentiel de rétablir la paix et la réconciliation. Cette dynamique est particulièrement visible dans les contextes où des populations ont subi des violences, des discriminations ou des injustices systémiques.

L'histoire est riche en exemples de mouvements de réconciliation qui ont utilisé le pardon comme fondement pour guérir des blessures profondes.

Prenons le cas de l'Afrique du Sud, où la transition de l'apartheid à la démocratie a été marquée par la création de la Commission vérité et réconciliation.

Sous la direction de Desmond Tutu, cette commission a encouragé les victimes et les perpétrateurs à témoigner de leurs expériences, à chercher la vérité et à s'engager dans un processus de pardon mutuel. Ce modèle a permis de reconnaître la douleur ressentie par de nombreuses personnes tout en offrant un espoir de réconciliation. Le pardon collectif a ainsi permis à la nation de tourner la page sur un passé douloureux, tout en construisant une nouvelle fondation pour l'avenir.

Le pardon comme outil de guérison collective ne se limite pas aux contextes de conflits armés ou de violences historiques. Dans la vie de tous les jours, de nombreuses communautés peuvent également profiter de cette dynamique.

Les écoles, par exemple, peuvent devenir des lieux où le pardon est enseigné et pratiqué. En encourageant les élèves à résoudre leurs conflits par le pardon, on leur enseigne des compétences précieuses pour la vie. Cela favorise un climat d'empathie, de compréhension et de respect mutuel.

De même, au sein des entreprises, le pardon peut jouer un rôle clé dans la création d'un environnement de travail positif. Les organisations qui cultivent une culture de pardon voient souvent leurs employés plus motivés et engagés. La capacité à résoudre les conflits sans animosité permet de renforcer les relations professionnelles et d'augmenter la productivité.

Dans les communautés religieuses, le pardon est un principe fondamental. Les groupes qui pratiquent le pardon peuvent jouer un rôle central dans la promotion de la paix et de la réconciliation, tant au sein de leurs membres qu'à l'extérieur.

Les initiatives interreligieuses qui encouragent le dialogue et la collaboration entre différentes croyances peuvent également contribuer à guérir des blessures historiques, à surmonter des préjugés et à construire des ponts de compréhension.

Ainsi, le pardon comme outil de guérison collective est une démarche puissante. Il exige de la vulnérabilité, de l'empathie et un engagement à long terme.

Cependant, lorsque des individus et des communautés choisissent de pardonner, les résultats peuvent être transformateurs. Le pardon ouvre la voie à la guérison, à la paix et à la réconciliation, tant au niveau individuel qu'au niveau collectif.

Du même Auteur

1. L'essence du pardon des offenses chemin de guérison intérieure

2. L'hospitalité chrétienne,

3. Le vin & le chrétien, interdiction ou recommandation,

4. Le mariage, le divorce et le remariage,

5. La prière

6. Trouver une femme à épouser n'est plus facile de nos jours

7. Dieu et le changement

8. Porter l'évangile du salut à l'humanité

9. Jésus-Christ est la solution essentielle pour l'humanité Traduit du français vers l'anglais et l'espagnole

FIN ET STOP

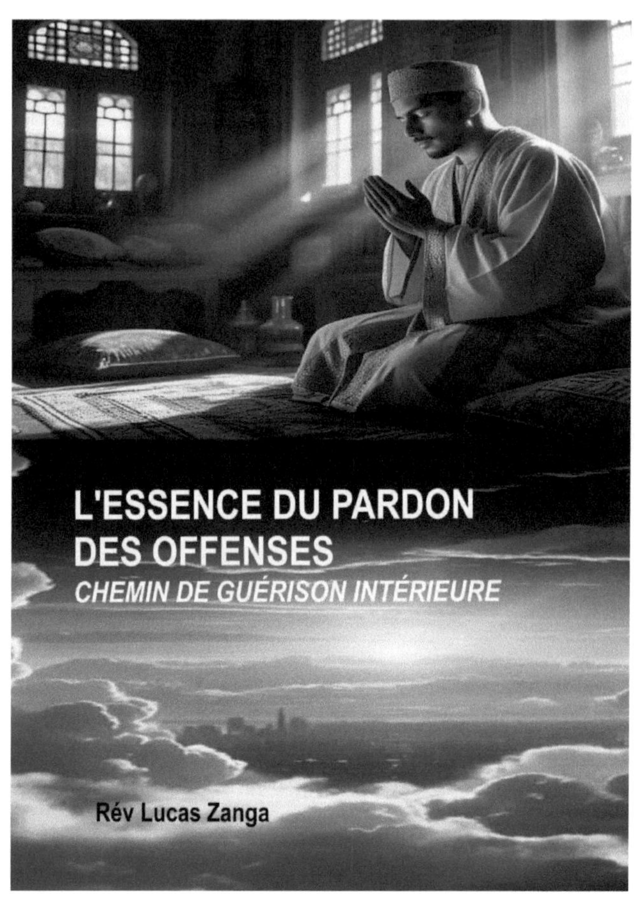

L'ESSENCE DU PARDON DES OFFENSES
CHEMIN DE GUÉRISON INTÉRIEURE
Rév Lucas Zanga

Buy your books fast and straightforward online - at one of world's fastest growing online book stores! Environmentally sound due to Print-on-Demand technologies.

Buy your books online at
www.morebooks.shop

Achetez vos livres en ligne, vite et bien, sur l'une des librairies en ligne les plus performantes au monde!
En protégeant nos ressources et notre environnement grâce à l'impression à la demande.

La librairie en ligne pour acheter plus vite
www.morebooks.shop

Printed by Books on Demand GmbH, Norderstedt / Germany